VENTE
Du Samedi 18 Février 1911
HOTEL DROUOT, SALLE Nᵒ 3
à deux heures précises

TABLEAUX
ANCIENS ET MODERNES

AQUARELLES — DESSINS

Mᵉ ANDRÉ DESVOUGES
COMMISSAIRE-PRISEUR
Successeur de M. Maurice DELESTRE
26, rue de la Grange-Batelière

M. PAUL SIMONS
PEINTRE
Expert près le Tribunal civil de la Seine
23, rue des Martyrs

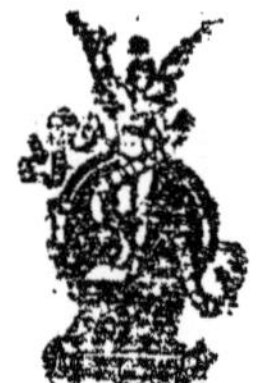

CATALOGUE

DES

TABLEAUX ANCIENS

Par ou attribués à

VAN DEN BOCCH, BRAUWER, PH. DE CHAMPAIGNE
JACQUES COURTOIS, HUBERT-ROBERT
MIÉRIS, MURILLO, LÉONARD DE VINCI, ETC.

TABLEAUX MODERNES

PAR

CAZIN, P.-L. COUTURIER, DAMERON, FABRÈS, J.-L. FRANÇAIS
HARPIGNIES, HOGUET, CH. JACQUE, LEROLLE, MICHEL-LÉVY, H. PICOU
ARY SCHEFFER, ETC.

ET

Aquarelles, Dessins, Gravures

PAR

F. BONVIN, DUEZ, A. DUMARESQ. FRÉMIET, GERVEX, GUILLEMET
HARPIGNIES, HENNER, CH. JACQUE, JEANNIOT, A. LEPÈRE, MONTENARD
A. DE NEUVILLE, H. PILLE, ROBERT FLEURY, EUG. THIRION
A. VOLLON FILS, DE VUILLEFROY, WATELIN, ETC.

Dont la Vente aux ENCHÈRES PUBLIQUES aura lieu, à Paris

HOTEL DROUOT, Salle Nº 3

LE SAMEDI 18 FÉVRIER 1911

A DEUX HEURES PRÉCISES

Mᵉ ANDRÉ DESVOUGES	**M. PAUL SIMONS**
Successeur de M. Maurice DELESTRE	PEINTRE
COMMISSAIRE-PRISEUR	Expert près le Tribunal civil de la Seine
26, rue de la Grange-Batelière	23, rue des Martyrs

EXPOSITION PUBLIQUE

Le Vendredi 17 Février 1911, de deux heures à six heures

CONDITIONS DE LA VENTE

Elle sera faite au comptant.

Les adjudicataires paieront *dix pour cent* en sus des enchères.

L'exposition mettant le public à même de se rendre compte de l'état et de la nature des objets, aucune réclamation ne sera admise une fois l'adjudication prononcée.

Paris. — Imp. de l'Art, Ch. Berger, 41, rue de la Victoire

DÉSIGNATION

TABLEAUX ANCIENS

BOCCK (Van den)

1 — *Pierre le Grand visite l'atelier d'un sculpteur hollandais.*

Toile. Haut., 66 cent.; larg., 80 cent.

BRAUWER (École de)

2 — *Buveur.*

Toile. Haut., 19 cent.; larg., 16 cent.

CHAMPAIGNE (Attribué à Philippe de)

3 — *Le Christ sur la montagne au milieu de ses disciples.*

Toile. Haut., 1 m. 10 cent.; larg., 1 m. 50 cent.

CHAMPAIGNE (Attribué à Philippe de)

4 — *Son Portrait.*

Toile. Haut., 84 cent.; larg., 70 cent.

COURTOIS, dit le Bourguignon (Attribué à Jacques)

5 — *Épisode de la Guerre des Flandres.*

Toile. Haut., 45 cent.; larg., 1 m. 07 cent.

ÉCOLE BYZANTINE ORTHODOXE

6 — *Descente de Croix.*

>Panneau bois. Haut., 53 cent.; larg., 47 cent.

ÉCOLE FLAMANDE

7 — *Le Christ et saint Paul.*

>Panneau. Haut., 29 cent.; larg., 39 cent.

ÉCOLE FRANÇAISE

8 — *Portrait d'un Financier.*

>Toile. Haut., 90 cent.; larg., 65 cent.
Cadre en bois sculpté.

ÉCOLE HOLLANDAISE

9 — *Un Campement.*

>Toile. Haut., 65 cent.; larg., 81 cent.

HUBERT-ROBERT (Attribué à)

10 — *La Fontaine dans les ruines.*

>Toile. Haut., 43 cent.; larg., 36 cent.

MIÉRIS (École de VAN)

11 — *L'Intervention divine.*

>Peinture sur marbre.
>Haut., 34 cent.; larg., 42 cent.
Cadre en bois sculpté.

MURILLO (D'après)

12 — *L'Immaculée-Conception.*

>Toile. Haut., 1 m. 02 cent.; larg., 78 cent.

MURILLO (École de)

13 — *La Sainte Famille dans l'étable à Bethléem.*
Toile. Haut., 36 cent.; larg., 57 cent.

LÉONARD DE VINCI (D'après)

14 — *Le Christ au milieu des docteurs.*
Peinture sur cuivre.
Haut., 36 cent.; larg., 43 cent.

TABLEAUX MODERNES

AÏVOZOVSKI, 1869

15 — *Marine.*
Toile. Haut., 51 cent.; larg., 80 cent.

AVIGDOR (René)

16 — *Jeune fille.*
Panneau. Haut., 81 cent.; larg., 65 cent.

AVIGDOR (René)

17 — *Tête de fillette.*
Panneau. Haut., 55 cent.; larg., 25 cent.

BALLAVOINE

18 — *Tête de femme.*
Toile. Haut., 46 cent.; larg., 38 cent.

CABASSON (A.)

19 — *Les Falaises.*
Toile. Haut., 1 m. 15 cent.; larg., 1 m. 60 cent.

CAZIN (J.-C.)

20 — *Le Petit bois. (Crépuscule du soir.)*

Toile. Haut., 38 cent.; larg., 46 cent.

CHARLET

21 — *Le Vieux Grenadier.*

Toile. Haut., 93 cent.; larg., 73 cent.

DE COCK (Attribué à César)

22 — *Lisière de bois.*

Toile. Haut., 58 cent.; larg., 72 cent.

COULAUD (Martin)

23 — *Rentrée du troupeau. (Effet de lune.)*

Toile. Haut., 43 cent.; larg., 65 cent.

COULAUD (Martin)

24 — *Le Long des haies.*

Toile. Haut., 37 cent.; larg., 62 cent.

COULAUD (Martin)

25 — *Sortie du bois.*

Toile. Haut., 40 cent.; larg., 65 cent.

COULAUD (Martin)

26 — *Le Soir.*

Toile. Haut., 40 cent.; larg., 65 cent.

COULAUD (Martin)

27 — *La Rentrée à l'étable.*

Toile. Haut., 43 cent.; larg., 65 cent.

COULAUD (Martin)

28 — *Dans la montagne.*

Toile. Haut., 43 cent.; larg., 65 cent.

COULAUD (Martin)

29 — *Sortie du troupeau. (Effet de matin.)*

Toile. Haut., 65 cent.; larg., 1 mètre.

COULAUD (Martin)

30 - - *Dans les genêts.*

Toile. Haut., 38 cent.; larg., 61 cent.

COUTURIER (P.-L.)

31 — *La Brodeuse.*

Toile. Haut., 65 cent. ; larg., 49 cent.

DAMERON (E.)

32 — *La Roue du moulin.*

Panneau bois. Haut., 24 cent. ; larg., 32 cent.

DESHAYES (Eugène)

33 — *Paysage. (Suisse.)*

Toile. Haut., 48 cent.; larg., 63 cent.

ÉCOLE FRANÇAISE

34 — *La Soubrette au cabaret.*

Panneau Haut., 20 cent.; larg., 26 cent.

ÉCOLE HOLLANDAISE

35 — *Paysage d'hiver.*

>   Panneau Haut., 15 cent.; larg., 19 cent.

FABRÈS (A.)

36 — *Femme arabe jouant de la mandoline.*

>   Panneau. Haut., 55 cent.; larg., 45 cent.

•FRANÇAIS (J.-L.)

37 — *Bord d'étang.*

>   Toile. Haut., 24 cent.; larg., 33 cent.

HARPIGNIES

38 — *Coucher de soleil.*

>   Toile. Haut., 13 cent.; larg., 22 cent.

HISPALETO

39 — *La Senora parée*

>   Panneau. Haut., 22 cent.; larg., 17 cent.

HOGUET

40 — *Tailleurs de pierre.*

>   Toile marouflée sur panneau.
>   Haut., 27 cent.; larg., 41 cent

JACQUE (Ch.)

41 — *Fleurs.*

>   Panneau bois. Haut., 41 cent.; larg., 30 cent.

KRUSEMAN (1859)

42 — *L'Hiver.*

Toile. Haut., 79 cent.; larg., 1 m. 08 cent.

LEROLLE (Henry)

43 — *Paysage avec figures.*

Toile. Haut., 81 cent.; larg., 65 cent.

MICHEL-LÉVY

44 — *Un Matelot.*

Toile. Haut., 61 cent.; larg., 45 cent.

MERLOT (E.)

45 — *Pâturage.*

Haut., 22 cent.; larg., 27 cent.

MUSIN (F.)

46 — *Voiliers par temps calme.*

Panneau bois. Haut., 27 cent.; larg., 21 cent.

PICOU (Henri)

47 — *Le Rêve de Fra Angelico.*

Toile. Haut., 1 m. 45 cent.; larg. 1 m. 02 cent.

POKITONOW

48 — *Cour de ferme.*

Panneau. Haut., 18 cent.; larg., 19 cent.

ROBAUDI (A.) (1882)

49 — *La Nuit.*

Toile. Haut., 2 m. 45 cent.; larg., 1 m. 40 cent.

SCHEFFER (ARY)

50 — *Mirabeau et de Dreux-Brézé.*

Toile. Haut., 78 cent., larg., 1 m. 02 cent.

VENNEMAN (ROSA)

51 — *Le Retour du troupeau.*

Toile. Haut., 1 m. 40 cent , larg., 87 cent.

AQUARELLES, DESSINS

AUBLET (ALBERT)

52 — *Fin de déjeuner.*

Grisaille.

Panneau. Haut., 13 cent.; larg., 24 cent.

BLŸK

53 — *Marine. (Hollande.)*

Aquarelle. Haut., 28 cent.; larg., 38 cent.

BONVIN (FRANÇOIS) (1854)

54 — *Intérieur de forge au Tréport.*

Aquarelle. Haut., 26 cent.; larg., 22 cent.

CARAN D'ACHE

55 — *Dessin à la plume.*

Haut., 13 cent.; larg., 10 cent.

CAROLUS-DURAN

56 — *Portrait de l'Artiste.*

Daté : *19 mars 1869.*

Dessin à la mine de plomb.

Haut., 14 cent.; larg., 12 cent.

CURZON (DE)

57 — *Les Oliviers.*

Dessin à la mine de plomb.

Haut., 29 cent.; larg., 43 cent.

CURZON (DE)

58 — *Les Collines.*

Fusain. Haut., 13 cent.; larg., 08 cent.

DUEZ (E.)

59 — *Assoupie.*

Dessin à la plume, lavé à l'encre de Chine.

Haut., 13 cent.; larg., 18 cent.

DUMARESQ (ARMAND)

60 — *Georges IV, Prince de Galles, passe la revue des Grenadiers de la Garde, 1777.*

Haut., 20 cent.; larg., 30 cent.

FRÉMIET (E.)

61 — *Les Chats.*

Dessin lavé à l'encre et rehaussé de gouache.

Haut., 09 cent.; larg. 14 cent.

GALLAND

62 — *Étude d'enfant.*

Dessin à la sanguine.

Haut., 19 cent.; larg., 29 cent.

GALLAND

63 — *Étude d'enfant.*

>> Dessin à la sanguine.

>>> Haut., 23 cent.; larg., 15 cent.

GERVEX (H.)

64 — *Souvenir de la nuit du 4 décembre 1851.*

>>> Haut., 11 cent.; larg., 09 cent.
>>> (*Salon de 1880.*)

GORGUET (Aug.-F.) (88)

65 — *Le Petit Noël.*

>> Dessin à la plume, lavé à l'encre de Chine.

>>> Haut., 27 cent.; larg., 07 cent.

GRIPP (Carlo)

66 — *Hip! hip! hurrah!*

>> Dessin à la pierre noire, rehaussé d'aquarelle.

>>> Haut., 28 cent.; larg., 46 cent.

GUILLEMET (A.)

67 — *Lisière de bois.*

>> Dessin à la pierre noire. Signé du monogramme de l'artiste.

>>> Haut., 31 cent.; larg., 21 cent.

HAMON (S.-L.)

68 — *Étude de fillette.*

>> Dessin à la sanguine.

>>> Haut., 18 cent.; larg., 19 cent.

HARPIGNIES (1907)

69 — *Royat.*

> Dessin lavé à l'encre de Chine.
>
> Haut., 14 cent.; larg., 10 cent.

HARPIGNIES (1908)

70 — *Paysage.*

> Dessin lavé à l'encre de Chine.
>
> Haut., 8 cent.; larg. 14 cent.

HENNER (J.-J.)

71 — *Madeleine.*

> Dessin à la pierre noire rehaussé de blanc.
>
> Haut., 28 cent.; larg., 22 cent.

HENNER (J.-J.)

72 — *Andromède.*

> Dessin lavé à l'encre de Chine.
>
> Haut., 14 cent.; larg., 9 cent.

HENNER (J.-J.)

73 — *Étude de torse de Femme.*

> Dessin au crayon conté rehaussé de blanc.
>
> Haut., 21 cent.; larg., 16 cent.

HENNER (J.-J.)

74 — *Étude de Jeune Homme.*

> Dessin au fusain. Daté : *1859.*
>
> Haut., 35 cent.; larg., 26 cent.

HERKOMER

75 — *Le Sentier de la vie*.

> Dessin à la plume.
>
> Haut., 21 cent.; larg., 11 cent.

JACQUE (CHARLES)

76 — *Intérieur d'écurie*.

> Dessin à la pierre noire.
>
> Haut., 12 cent.; larg., 16 cent.

JACQUET (GUSTAVE)

77 — *Scène de genre : Personnages du* XVIIIe *siècle*.

> Dessin à la mine de plomb.
>
> Haut., 11 cent.; larg., 8 cent.

JACQUIN (A.)

78 — *Jeu d'oies*.

> (*Salon de 1880.*)
>
> Dessin à la plume.
>
> Haut., 14 cent.; larg., 22 cent.

JEANNIOT

79 — *Le Vieux Gentilhomme*.

> Dessin à la plume.
>
> Haut., 18 cent.; larg., 12 cent.

JOB

80 — *Zouave*.

> Dessin à la plume.
>
> Haut., 35 cent. ; larg., 25 cent.

KNIGHT (Ridway)

81 — *Le Goûter*.

Dessin à la mine de plomb.
Signé des initiales de l'artiste.

Haut., 12 cent.; larg., 18 cent.

LEPÈRE (A.)

82 — *Bal au Point-du-Jour*.

Dessin à la plume.

Haut., 13 cent.; larg., 13 cent.

MITTIN

83 — *Le Baise-main*.

Dessin lavé à l'encre rehaussé de gouache.

Haut., 17 cent.; larg., 8 cent.

MONTENARD

84 — *Toulon sous les glacis*.

Dessin à la plume.

Haut., 20 cent.; larg., 31 cent.

MONTENARD

85 — *La Bouée*.

Dessin à la plume.

Haut., 16 cent.; larg., 31 cent.

NEUVILLE (A. DE)

86 — *La Campagne.*

Dessin à la mine de plomb. Au dos, croquis à la plume de l'artiste.

Haut., 16 cent.; larg., 9 cent.

PILLE (HENRI)

87 — *Les Villageois.*

Dessin à la mine de plomb, rehaussé d'aquarelle.

Haut., 13 cent.; larg., 10 cent.

PILLE (HENRI)

88 — *Le Départ.*

Dessin à la plume signé des initiales de l'artiste.

Haut., 19 cent.; larg., 17 cent.

PILS

89 — *Armée d'Afrique.*

Dessin à la pierre noire.

Haut., 40 cent.; larg., 27 cent.

ROBERT-FLEURY

90 — *Scène de genre (Venise.)*

Dessin à la pierre noire.

Haut., 17 cent.; larg., 25 cent.

SALA (Emilio)

. — *La Partie de cartes.*

Dessin à la plume.

Haut., 14 cent.; larg., 20 cent.

SCHENCK

92 — *Repos dans la montagne.*

Dessin à la mine de plomb.

Haut., 10 cent.; larg., 16 cent.

SCHENCH

93 — *Le Troupeau dans la montagne.*

Dessin à la mine de plomb.

Haut., 10 cent.; larg., 17 cent.

THIRION (Eugène)

94 — *La Nuit de mai. (A. de Musset.)*

Dessin à la pierre noire, rehaussé de gouache.

Haut., 52 cent.; larg., 30 cent.

THIRION (Eugène)

95 — *La Nuit d'octobre. (A. de Musset.)*

Dessin à la pierre noire, rehaussé de gouache.

Haut., 52 cent.; larg., 30 cent.

THURNER (G.)

96 — *Retour de la Halle.*

Dessin à la plume, rehaussé de blanc.

Haut., 19 cent.; larg., 27 cent.

(Salon de 1880)

VOILLEMOT (Ch.)

97 — *Rêverie.*

Dessin à la mine de plomb.

Haut., 35 cent.; larg., 22 cent.

(Salon de 1880)

VOGEL (H.)

98 — *Le Repos du modèle.*

Dessin à la plume.

Haut., 25 cent.; larg., 22 cent.

VOLLON Fils (Alexis)

99 — *Nature morte.*

Dessin à la plume.

Haut., 17 cent.; larg., 22 cent.

VUILLEFROY (F. de)

100 — *Vaches au pâturage.*

Dessin à la pierre noire.

Haut., 30 cent.; larg., 44 cent.

WATELIN

101 — *Le Moulin de Nesles. (Matin.)*

Dessin à la pierre noire.

Haut., 16 cent.; larg., 22 cent.

X...

102 — *La Terrasse de Saint-Cloud. Allégorie (1870-1871).*

> Aquarelle rehaussée de gouache.
>
> Haut., 33 cent.; larg., 27 cent.

YON (Edmond)

103 — *Le Pont-Neuf.*

> Dessin à la pierre noire.
>
> Haut., 27 cent.; larg., 33 cent.

GRAVURES

CALLOT (D'après Jacques)

104 — *La Tentation de Saint Antoine abbé.*

> Gravure en noir.

TROOST (D'après C.)

105 — *Corps de garde des officiers hollandais.*

> Deux gravures en noir.

106 — Sous ce numéro, les tableaux, dessins, etc., omis au présent catalogue.

www.ingramcontent.com/pod-product-compliance
Ingram Content Group UK Ltd.
Pitfield, Milton Keynes, MK11 3LW, UK
UKHW031711170726
13836UKWH00001B/187